Cindy-M. Kruner

Nutzung von Wirtschaftsinformation

Welche Informationen braucht die Wirtschaft wofür?

GRIN Verlag

Bibliografische Information der Deutschen Nationalbibliothek:

Die Deutsche Bibliothek verzeichnet diese Publikation in der Deutschen National-
bibliografie; detaillierte bibliografische Daten sind im Internet über http://dnb.d-
nb.de/ abrufbar.

Dieses Werk sowie alle darin enthaltenen einzelnen Beiträge und Abbildungen
sind urheberrechtlich geschützt. Jede Verwertung, die nicht ausdrücklich vom
Urheberrechtsschutz zugelassen ist, bedarf der vorherigen Zustimmung des Verla-
ges. Das gilt insbesondere für Vervielfältigungen, Bearbeitungen, Übersetzungen,
Mikroverfilmungen, Auswertungen durch Datenbanken und für die Einspeicherung
und Verarbeitung in elektronische Systeme. Alle Rechte, auch die des auszugsweisen
Nachdrucks, der fotomechanischen Wiedergabe (einschließlich Mikrokopie) sowie
der Auswertung durch Datenbanken oder ähnliche Einrichtungen, vorbehalten.

Impressum:

Copyright © 2011 GRIN Verlag GmbH
Druck und Bindung: Books on Demand GmbH, Norderstedt Germany
ISBN: 978-3-656-07477-9

Dieses Buch bei GRIN:

http://www.grin.com/de/e-book/183214/nutzung-von-wirtschaftsinformation

GRIN - Your knowledge has value

Der GRIN Verlag publiziert seit 1998 wissenschaftliche Arbeiten von Studenten, Hochschullehrern und anderen Akademikern als eBook und gedrucktes Buch. Die Verlagswebsite www.grin.com ist die ideale Plattform zur Veröffentlichung von Hausarbeiten, Abschlussarbeiten, wissenschaftlichen Aufsätzen, Dissertationen und Fachbüchern.

Besuchen Sie uns im Internet:

http://www.grin.com/

http://www.facebook.com/grincom

http://www.twitter.com/grin_com

[Nutzung von Wirtschaftsinformationen]

Welche Informationen, braucht die Wirtschaft wofür?

Inhaltsverzeichnis

1. Zentrale Fragestellung

Das World Wide Web bietet seinen Nutzern eine Vielzahl von Möglichkeiten, zum Teil kostenfrei an, um an die gewünschten Ergebnisse und Informationen zu kommen. Ein Großteil aller Firmen präsentiert sich heutzutage im Internet, bietet Geschäftsberichte zum Download an oder gibt sogar Einblick in bisherige Marketingansätze und geschichtlichen Background.[1]

Somit ist man nicht mehr zwangsweise dazu verpflichtet sich benötigte Informationen beispielsweise über das Handelsregister zu beschaffen und den dort verlangten Obolus zu bezahlen.

Des Weiteren hat der Nutzer die Möglichkeiten in kostenfreien und kostenpflichtigen Datenbanken zu recherchieren in sofern er die nötigen Retrievalkenntnisse besitzt.

Eine weitere Methode zur Erlangung der gewünschten Informationen, wäre die Recherche in den zahlreichen Fachzeitschriften, die ebenfalls eine Chance bieten sein Ziel zu erreichen.

In den folgenden Seiten wird der zentralen Fragestellung: „Welche Informationen braucht die Wirtschaft wofür?", auf den Grund gegangen. Im Zusammenhang mit Fallbeispielen wird deutlich gemacht in wie fern Informationen von der Wirtschaft benötigt werden und vor allem *welche* Informationen, *wofür*.

2. Kategorisierung

Zu Beginn lassen sich Wirtschaftsinformationen erst einmal nach Kategorien einordnen, welche mit diversen Zugangsarten und Unterrubriken einzugliedern sind. Die Zuweisung erfolgt hierbei nach inhaltlichen Schwerpunkten. Jedoch überschneiden sich einige Punkte und somit ist eine genaue Kategorisierung leider nicht möglich.

---

1 Beispiel: www.coke.de

Folgend die Kategorien auf die in den nächsten Seiten näher eingegangen wird.

- Markt- und Brancheninformationen
- Produkt- und Technologieinformationen
- Firmeninformationen
- Finanzinformationen
- Ökonomisch- politische Informationen
- Wirtschaftswissenschaftliche Informationen
- Rechtsprechung und Gesetzgebung
- Managementinformationen[2]

3. Markt- und Brancheninformationen

Markt- und Brancheninformationen beziehen sich wie der Name schon sagt auf alles was mit einem bestimmten Markt bzw. einer bestimmten Branche zusammenhängt. Beispielsweise für den Sektor Einzelhandel oder Dienstleitungsunternehmen.

Hierzu zählen u. A. allgemeine Nachrichten über Entwicklungen und Trends. Informationen über den derzeitigen Marktführer, Export- und Importinformationen, beispielsweise darüber welches Land aktuell am stärksten in welchem Sektor ist uvm.

Des Weiteren sind Daten zum wirtschaftlichen Wachstum einzelner Branchen und Märkte, Analysen, Markt- und Branchenreports und diverse Andere Arten hier einzuordnen.[3] Im Folgenden wird auf einige Sektoren bzw. Informationsarten näher eingegangen.

3.1 Markt- und Branchenanalysen und wofür die Wirtschaft sie braucht

Marktanalysen sowie Branchenanalysen, werden in der Regel von Privatunternehmen in Auftrag gegeben um die Chancen einer Produktneupositionierung oder Ähnlichen zu analysieren.

---

[2] Punkt 2 Komplett = Vergleich: Poetzsch, Eleonore, Wirtschaftsinformation: Online, CD-ROM, Internet, 2., völlig neu bearb. und erw. Aufl. - Potsdam : Verl. für Berlin Brandenburg, 2004., S. 31, ff
[3] Vergleich: Poetzsch, Eleonore, Wirtschaftsinformation: Online, CD-ROM, Internet, 2., völlig neu bearb. und erw. Aufl. - Potsdam : Verl. für Berlin Brandenburg, 2004., S. 31, ff

Jedoch können hierbei auch die Statistiken des Statistischen Bundesamtes oder der Landesämter und Arbeitsagenturen Aufschluss geben.

Hierbei wird oftmals bestimmt wie viele Einwohner beispielsweise ein bestimmtes Medium wie TV nutzen oder auch wie viele Personen im Bundesdurchschnitt bereits Besitzer eines Smartphone sind. Der Markt bzw. die Branche variiert je nach Bedarf.

Diese Analysen bieten der Wirtschaft und ihren Teilnehmern einen sehr großen Nutzen. Ist man beispielsweise Inhaber eines IT-Unternehmens und plant künftig statt PC- oder Konsolenspielen auch im Sektor der Handyspiele und Applikationen aktiv zu werden, lassen sich durch diese Statistiken schnell erste Eindrücke verschaffen, ob sich diese Investition in die Entwicklung lohnt.

Sollte z.B. die Zielgruppe zwischen 12 und 25 (geschätzter Wert) nur einen geringen Teil des Marktes ausmachen, derer die in Besitz eines Smartphones oder für die Software tauglichen Geräts sind, wäre eine Entscheidung schnell getroffen und das Unternehmen könnte in den folgenden Monaten und Jahren den Markt weiter beobachten und einen Eintritt später in Erwägung ziehen oder eine Neuausrichtung der Zielgruppe in Betracht ziehen.

3.2 Meinungsumfragen und wofür Sie benötigt werden

In der BRD gibt es eine Vielzahl von Meinungsforschungsunternehmen wie z.B. die Info GmbH[4], welche regelmäßig zu verschiedenen wirtschaftsrelevanten Themen Umfragen und Studien durchführen.

Dies kann online, postalisch oder telefonisch geschehen. Hierbei wird in Form von Statistiken darüber Aufschluss gegeben, was die Mehrheit der Befragten zu bestimmten Themengebieten denkt.

Beispielsweise nutzt die Wirtschaft diesen Weg auch um ein Stimmungsbild über eine neue Marktkampagne zu bilden oder lädt Probanden ein und lässt diese, ein neues Produkt testen.

---

[4] http://www.infogmbh.de/

Diese Art von Information überschneidet sich mit der Marktanalyse. Jedoch ist bei Meinungsumfragen ausschließlich die Meinung der Befragten relevant, wobei hingegen bei Marktanalysen, Umsatz- und Absatzzahlen ebenfalls eine Rolle spielen.

Meinungsumfragen können der Wirtschaft vor allem darüber Auskunft geben, wie wertvoll ihre Marke innerhalb einer bestimmten Zielgruppe ist. Was wird von den 10-35 jährigen z.B. lieber getrunken, Coca Cola oder Pepsi Cola? Genau dieser Art von Fragestellungen gehen Meinungsumfragen auf den Grund und verschaffen den Unternehmen somit ihren gewünschten Nutzen.

4. Produkt- und Technologieinformationen

Hat Apple einen neuen IPod heraus gebracht, ist es Phillips gelungen eine neue Technologie für ihr Ambient-Light zu entwickeln oder wie weit ist die Entwicklung im Bereich der dreidimensionalen Fotografie, alle diese Fragen beantwortet die Kategorie der Produkt- und Technologieinformationen.

Viele der gewünschten Informationen erhält man bereits in der aktuellen Tagespresse oder aus diversen Fachzeitschriften und Magazinen wie z.B. PC Games Hardware o.ä. Auch die technischen Messen die jährlich in der BRD statt finden, wie z.B. die Internationale Funkausstellung in Berlin oder die CeBIT in Hannover, bieten der Wirtschaft ihren Nutzen und geben Aufschluss über die neuesten Entwicklungen im Bereich verschiedenster Technologien.

Für eine Firma die sich im Sektor der Technik einordnen lässt und z.B. TFT Monitore entwickelt, ist es sehr wichtig hierbei immer auf dem neuesten Stand zu sein und sich ständig neu zu erfinden und ihre Produkte zu aktualisieren, um sich auf dem Markt behaupten zu können.

Würde ein Konkurrent einen großen Durchbruch erzielen und man wäre nicht in der Lage in absehbarer Zeit ähnliche Ergebnisse zu liefern kann dies in einer ständig wachsenden und von technischen Neuerungen lebenden Gesellschaft, schnell das aus für ein Unternehmen bedeuten. Ein weiteres sehr wichtiges Stichwort hierbei sind die folgend näher erläuterten Patente.

4.1 Patentinformationen und Patentanalysen – wofür?

In der heutigen Gesellschaft wird immer mehr geforscht, entwickelt und produziert. Gerade durch das vermehrte Aufkommen von Raubkopien und Plagiaten u. A. aus dem asiatischen Raum, ist es umso wichtiger seine Neuerung oder Neuentwicklung durch ein Patent zu schützen.

In den Patentschriften sind die nötigen Angaben verzeichnet und können nach deutschem und internationalem Recht geschützt werden.

Hierbei findet man Informationen wie die genaue Bezeichnung des zu schützenden Produkts lautet, dessen Verwendungszweck sowie Brauchbarkeitsstudien, ggfls. technische Zeichnungen des Produkts oder die chemische Zusammensetzung.

Des Weiteren sind folgende Angaben zu finden:

- Gesamtzahl der Patentanmeldungen eines Unternehmens
- Anzahl der Patentanmelder
- Patenterteilungen
- Patentlaufzeit
- Patentzitate
- Verbindungskennzahlen
- Patentverflechtungen innerhalb und zwischen Unternehmen),
- Wartezeit (zwischen Anmeldung und Erteilung)
- Prüfquote[5]

Vorab sollte immer recherchiert werden ob es bereits Patente für das Produkt gibt, damit keine rechtlichen Konsequenzen entstehen können.

Im medizinischen Bereich müssen des Weiteren Verträglichkeitsstudien nachgewiesen werden, damit ein neues Medikament nicht zur Schädigung der Bevölkerung führt.

---

[5] Vergleich: Poetzsch, Eleonore, Wirtschaftsinformation: Online, CD-ROM, Internet, 2., völlig neu bearb. und erw. Aufl. - Potsdam : Verl. für Berlin Brandenburg, 2004., S. 34

Durch Patentanalysen lässt sich genau nachvollziehen, welche Entwicklungen es auf dem gewünschten Markt bereits gibt und man ist so in der Lage Nischen zu entdecken und diese ggfls. zu erforschen und für sich nutzbar zu machen.

5. Firmeninformationen

Wo ein Unternehmen seinen Sitz hat, wer der zuständige Geschäftsführer ist, welche Handelsregisternummer vergeben wurde, in welcher Branche eine Firma tätig ist, welches das zuständige Amtsgericht ist, und vieles mehr, all diese Informationen können für die verschiedenen Zwecke sehr wichtig sein.

Ist eine Firma im World Wide Web präsent, sind diese, zumindest in Deutschland nach § 5 Absatz 1 TMG dazu verpflichtet folgende Daten in ihrem Impressum zu veröffentlichen[6]:

- Firmenname
- Vertretungsberechtigter
- Gesellschaftskapital (freiwillig)
- Kontaktinformationen (min. eine eMail Adresse und ein zweites Kommunikationsmittel z.B. Telefon- oder Faxnummer)[7]

Weitere Kontaktdaten sind u. A. in den häufig verwendeten Menüpunkten unter Kontakt zu finden.

Jedoch nutzen diverse Unternehmen an Stelle der Positionierung ihrer eMail-Adresse im Impressum die Verlinkung auf ein Kontaktformular, um sich beispielsweise vor Spamangriffen zu schützen.

Wird hierbei kein Content-Management-System verwendet, bekommt man die Empfangsadresse sehr leicht, durch einfache Überprüfung des Quellcodes heraus.

---

[6] Gültig für: Juristische Personen und Personengesellschaften, im Sinne des §2 Satz 2 TMG

[7] Vergleich:
http://www.bmj.de/SharedDocs/Downloads/DE/pdfs/LeitfadenZurAnbieterkennzeichnung.pdf;jsessioni d=B68610BC441309CFAEC6FD75E3FF2D62.1_cid164?_blob=publicationFile, stand: 03.07.2011

Sollte dies jedoch nicht der Fall sein, kann ein einfacher Anruf oder eine Anfrage über das Kontaktformular helfen.

Ebenso findet man diverse Angaben in Unternehmensprofilen, hierbei findet man auch Informationen wie z.b. die Bankverbindung, die Produktpalette uvm.

Ein weiterer Teil den diese Kategorie beinhaltet sind auch Finanzinformationen, hier macht sich wieder einmal eine Überschneidung zwischen den einzelnen Kategorien bemerkbar, jedoch wird auf diese Art von Informationen in einem Extra Punkt[8] genauer eingegangen.

5.1 Gesellschafterverträge, Aktionärsvereinbarungen, Gründungsformulare und wofür die Wirtschaft sie benötigt

Wird ein neues Unternehmen gegründet, wird dies stets schriftlich und notariell beglaubigt festgehalten und bei dem zuständigen Handelsregister hinterlegt.

In den Gesellschafterverträgen findet man die Gründer einer GmbH, somit lässt sich feststellen, wer an welcher Firma eine Beteiligung hat und wie die Verzweigung mit anderen Unternehmen und Subunternehmen ist.

Da Firmen zur Offenlegung der Gründungsphasen und zum bestimmen einer haftenden Person verpflichtet sind, lassen sich diese Arten von Informationen über das Handelsregister, gegen einen kleinen Obolus erwerben und sind somit frei zugänglich.

Diese Arten von Informationen können vor allem für rechtliche Belange[9] wichtig sein. Wird man z.B. Opfer eines Betrugs und wird um seine Provision geprellt, was vor allem in Maklerunternehmen von Belang sein kann, lässt sich so feststellen wie ein Gesellschafter in Verbindung zu anderen Unternehmen steht und ob er beispielsweise seiner Firma einfach einen neuen Namen gegeben o.ä. um nicht mehr haftbar gemacht werden zu können.

---

[8] Siehe Punkt 6. Finanzinformationen
[9] Überschneidung mit 9. Rechtsprechung und Gesetzgebung

Des Weiteren ist die Relevanz von Aktionärsvereinbarung usw. wichtig, sollte man eine Kooperation mit einem anderen Unternehmen planen oder in dieses Investieren wollen.

5.2 Marketingstrategien und wofür sie benötigt werden

An die direkten Marketingstrategien eines bestimmten Unternehmens kommt man in der Regel nicht so einfach ran. Jedoch kann man auf einigen Internetpräsenzen aktuelle und vergangene Werbungen verfolgen und diese anschließend miteinander vergleichen.

Durch das Videoportal YouTube gibt es Beispielsweise die Möglichkeit neue und alte Werbespots diverser Produkte und Firmen zu sehen und die daraus resultierenden Informationen nutzbar zu machen.

Der große Umfang der Plattform bietet teilweise sogar Werbespots bis in die 80er Jahre und älter an. Auch bereits verbotene Spots finden hier einen Platz zur Anschauung durch die Öffentlichkeit. Ein Beispiel ist hier in Form einer verbotenen Burger King Werbung zu finden: http://www.youtube.com/watch?v=kcZLuvNCzWM.

Bei den Printmedien hat man als Nutzer die Möglichkeit in den Onlinearchiven von Zeitungen und Magazinen (insofern verfügbar) nach damalig abgedruckten Flyern und Anzeigen zu recherchieren.

Somit ist man nun in der Lage die Slogans und das Bildmaterial zu analysieren und für die weitere Nutzung der daraus resultierenden Informationen nutzbar zu machen.

Das Analysieren und Beobachten von Marketingstrategien findet für die Wirtschaft vor allem dahingehend einen Nutzen um eigene Werbekampagnen besser zu positionieren, man kann an Hand der Konkurrenz abschätzen wie erfolgreich ihr Konzept war (z.B. Klicks auf YouTube) und zum Beispiel an ein erfolgreiches Konzept anknüpfen.

Des Weiteren erhält ein Unternehmen so die Möglichkeit sich erste Ideen zu holen, wenn es Beispielsweise ein neues Produkt auf den Markt bringt und in diesem Sektor noch nicht über ausreichend Erfahrungen verfügt.

6. Finanzinformationen

Finanzinformationen sind für jede Firma verfügbar und relevant. Sie geben darüber Aufschluss ob ein Unternehmen liquide ist und wie viel Kapital sie als Geldeinlage besitzt.

Ferner ab auch ob sich eine Firma in einer insolventen Lage befindet. Ebenso beinhalten sie Jahresabschlussbilanzen eines Unternehmens. Durch die sich ständig verändernde Konjunktur unterliegen Finanzinformationen einem ständigen Wechsel.

Im 21. Jahrhundert kann ein Unternehmen sehr schnell wachsen, aber auch vom Markt gehen. Dies geschieht vor allem durch die Substitution alter Technologien oder Produkte durch neue.

Im Bereich der Fotografie wurde die Verwendung einer analogen Kamera mit einem fotograffischen Film bereits in den meisten Bereichen durch digitale Modelle verdrängt, einzig und allein verwenden noch einige Filmproduktionen und Privatpersonen analoge Kameras.[10]

Ein weiteres Beispiel ist das Dienstleistungsunternehmen Facebook. Das erst 2004 gegründete Unternehmen, ist laut Aussagen der Investmentfirma GSV Capital bereits 70 Mrd. US$ wert.[11] Verfolgt man nun die aktuelle Finanzlage weiter und wartet den erwarteten Börsengang des Unternehmens ab, können sich hieraus für Investmentfirmen enorme Renditen ergeben. Gerade wenn diese Firmen die Auswirkungen auf die Gesamtwirtschaft analysieren und hieraus über Anlagen ihr Kapital ziehen.

6.1 Aktienkurse und ihre Relevanz

Aktienkurse geben u. A. darüber Aufschluss wie wertvoll eine Firma zurzeit ist. Dieser Faktor wird durch viele verschiedene Wirtschaftsfaktoren, wie zum Beispiel die momentane Kaufkraft der Bevölkerung und aktuelle Trends, beeinflusst.

An diese Informationen gelangt man Beispielsweise über verschiedene Internetpräsenzen, Finanzmagazine und über das Fernsehen. Die verschiedenen

---

[10] Beispiel: Telefilm Canada im Film Beat the World
[11] Vergleich: http://www.finanzen.net/nachricht/aktien/IPO-Facebook-mit-ueber-70-Milliarden-Dollar-bewertet-1187766, stand: 03.07.11

Nachrichtensender in ganz Deutschland wie N24, blenden ständig aktuelle Aktienkurse ein oder geben diese über ihren Videotext preis.

Diese Art von Information ist jedoch nur verfügbar, wenn es sich um ein börsenorientiertes Unternehmen handelt. Für GmbHs und sonstige Rechtsformen werden nur Werte über Anteilskäufe ermittelt oder ihr Firmen- oder Markenwert wird von Spezialisten geschätzt. Im Jahre 2009 wurde beispielsweise der Name Coca Cola von Wirtschaftsexperten[12] zur wertvollsten Marke der Welt gekürt.[13]

Relevant ist diese Art von Information vor allem für so genannte Konkurrenzanalysen. Es lässt sich auf diese Weise heraus finden, wie stark die Konkurrenz ist und ob man z.b. bei einer Produktneupositionierung einen Erfolg auf dem Markt verbuchen könnte und wie schwer sich dies gestaltet.

6.2 Gewinn- und Verluststatistiken

Gewinn- und Verluststatistiken geben einen Überblick über den Erfolg eines Unternehmens im vergangenen Geschäftsjahr. Oftmals findet man diese Art von Informationen in den jährlich heraus gegebenen Geschäftsberichten.

In der Regel wird durch Visualisierungen deutlich gemacht, wie viel Gewinn bzw. Verlust ein Unternehmen in dem dazugehörigen Wirtschaftssektor gemacht hat. Gibt eine Firma diese Art von Daten für die Öffentlichkeit frei, findet man diese in der Regel auf den Webseiten des Unternehmens.

Des Weiteren bietet sich ebenso die Möglichkeit den Geschäftsbericht über das Handelsregister käuflich zu erwerben, da in Deutschland nach §325 HGB[14] Kapitalgesellschaften ihre Geschäftsberichte bzw. Jahresabschlüsse offen legen müssen, stehen diese für die Öffentlichkeit zumindest im Handelsregister bereit.

Ein wirtschaftlich orientiertes Unternehmen ist so in der Lage sich einen Überblick zu verschaffen. Hieraus lassen sich z.B. Trends und statt findende Substitutionen ableiten.

---

[12] Unternehmensberatung Interbrand
[13] http://www.manager-magazin.de/unternehmen/artikel/0,2828,649911,00.html, stand: 03.07.2011
[14] http://dejure.org/gesetze/HGB/325.html, stand: 03.07.2011

Im Bereich der analogen und digitalen Fotografie hätte man damalig ermitteln können wie viel Umsatzeinbußen ein Unternehmen im Segment der analogen Fotografie im letzten Jahr erlitten hat und hingegen wie viel Umsatz ein digital agierendes Unternehmen erzielen konnte.

Diese Informationen können folglich von sehr großem Belang sein, um mehr über seine Gegnerschaft heraus zu finden. Ist man in der Position des digitalen Produzenten kann man nun Beobachtungen in Auftrag geben, ob sich besagte „Marktverlierer" in dem eigenen Sektor ausbreiten wollen und ob diese bereits daran gesetzt haben bessere Technologien zu entwickeln, als das eigene Unternehmen.

7. Ökonomisch- politische Informationen

Ökonomisch- politische Informationen basieren auf Eckdaten der Länder. Hierbei sind aktuelle wirtschaftliche Entwicklungen wie z.B. das Bruttoinlandsprodukt zu beachten. Ebenso können aktuelle politische Entscheidungen relevant sein. Aktuell ist hierzu ein prägnantes Beispiel der von der Bundesregierung geplante Ausstieg Deutschlands aus der Atomengerie.[15]

Produzenten von alternativen Energiequellen und Entwickler neuer Technologien aus diesem Bereich haben in Folge dessen einen Aufschwung zu erwarten und sollten daran setzten sich Best möglich den Energieriesen zu präsentieren oder andere Alternativen zu schaffen und ggfls. mit der Bundesregierung in Kontakt treten.

Auch Beschlüsse der EU, wie die in Deutschland 2002 statt gefundene Einführung einer neuen Währung, dem Euro, können ausschlaggebend sein um seine Marketingstrategien neu auszustatten.

Inflation oder Wirtschaftsboom, all diese Dinge sind sehr wichtige Daten für die Wirtschaft und deren Akteure. Die aktuelle Kaufkraft eines Volkes schlägt sich schließlich immer auf die Umsatzzahlen der Produkte nieder. Daraus resultierend schaffen viele Firmen z.B. Rahmen für diverse Rabatte und Sonderangebote um größere Einbußen zu vermeiden.

---

[15] http://www.tagesspiegel.de/wirtschaft/atomkraft-ausstieg-ohne-absturz/3998414.html, stand: 03.07.2011

8. Wirtschaftswissenschaftliche Informationen

Um immer auf dem neusten Stand zu bleiben oder sich ggfls. stets fortzubilden, sind Wirtschaftswissenschaftliche Informationen ein weiterer elementarer Faktor, der als sehr wichtig einzustufen ist. Hierzu zählen z.b. Fachliteratur, Handbücher u.ä.

Es gibt eine Vielzahl von Naschschlagewerken im Bereich der Wirtschaft. Beschäftigt man sich gerade mit dem Bereich des Projektmanagements, weil erstmalig in der Firmengeschichte ein sehr großes neues Projekt zu betreuen ist, kann einem diverse Fachliteratur wie z.b. das Buch „A Guide to the Project Management Body of Knowledge" sehr behilflich sein, um diese Projekt noch besser zu planen.

Ebenso ist es ratsam bei der Einführung von neuen Dokumentenmanagement- oder Content Management- Systemen, seinen Mitarbeitern Hilfsliteratur zur Verfügung zu stellen.

Theoretische Ausführung zu bestimmten Strategien, Organisationsstrukturen uvm. unterstützen die Wirtschaftsakteure so in ihrem Handeln.[16] Oftmals wird hierbei auch Aufschluss über aktuelle Themen und Entwicklungen gegeben.

9. Rechtsprechung und Gesetzgebung

Das aktuell geltende und auch internationale Recht ist ein weiterer informativer Faktor, der sehr bedeutend für die Wirtschaft ist. Will sich ein privatwirtschaftliches Forschungsunternehmen im Bereich der Gentechnik und Stammzellenforschung positionieren, ist es für diese Firma wichtig zu wissen, ob und in wie fern diese Forschung und Produktentwicklung überhaupt in dem jeweiligen Land erlaubt sind.

Auch das Durchführen von Tierversuchen beispielsweise in der Kosmetikindustrie kann vom Gesetzgeber untersagt werden und stellt somit einen wichtigen Punkt in Sachen Handlungsstrategie bzw. Alternativsuche dar.

Des Weiteren sind verbotene Substanzen in gewissen Ländern zu beachten, um mit keinen rechtlichen Konsequenzen rechnen zu müssen.

---

[16] Vergleich: Poetzsch, Eleonore, Wirtschaftsinformation: Online, CD-ROM, Internet, 2., völlig neu bearb. und erw. Aufl. - Potsdam : Verl. für Berlin Brandenburg, 2004., S. 35 ff.

Auch Präzedenzfälle können Ausschlag geben. Geht es um Export und Import, müssen die verschiedenen Rechtsprechungen der Länder beachtet werden, was vor allem bei Transporten zu Schwierigkeiten führen kann, deshalb ist es stets ratsam auf einem aktuellen Stand zu sein und vorhandene Informationen in Gesetztestexten usw. einzuholen.

Ebenso sind Gesetzte in denen berichtet wird, welche Informationen ein Unternehmen bei den zuständigen Stellen einreichen muss sehr wichtig, um Bußgeldern und Strafen vorzubeugen.

Die Deklarationen von bestimmten Stoffen können ebenfalls je nach Gebiet variieren und sind stets zu beachten und die Information bei der zuständigen Stelle einzuholen.

Im Großen und Ganzen benötigt die Wirtschaft Gesetze und Rechtsprechungen, damit kein Unternehmen unkontrolliert agieren kann und ihre Handlungen stets staatlich überwacht werden, um Ungerechtigkeiten, unlauterem Wettbewerb und Schädigungen der Bevölkerung und des Staates vorzubeugen.

10. Managementinformationen

Für das Management eines Unternehmens sind alle bisher aufgeführten Informationsarten relevant und wichtig, um für den Umsatz positiv handeln zu können. Zusätzlich sind jedoch weitere Faktoren zu ergänzen.[17]

10.1 juristische Informationen

Das Steuerrecht sowie das Finanz- und allgemeine Wirtschaftsrecht u.a. verzeichnet im Handelsgesetzbuch ist hierbei zu beachten. Das Management einer Firma ist dazu verpflichtet der aktuellen Gesetzgebung Folge zu leisten, um keine Straftat zu begehen oder Bußgeldern zu entgehen.

---

[17] Vergleich: Poetzsch, Eleonore, Wirtschaftsinformation: Online, CD-ROM, Internet, 2., völlig neu bearb. und erw. Aufl. - Potsdam : Verl. für Berlin Brandenburg, 2004., S. 36

Diese Art der Informationsgewinnung und Ermittlung trägt vor allem dazu bei, dass alle Akteure nach bestem Wissen und Gewissen handeln können und wissen, zu was sie verpflichtet sind.[18]

10.2 Förderprogramme

Förderprogramme sollen vor allem einen Anreiz schaffen Neuerungen auf einem bestimmten Gebiet zu schaffen. Momentan ist die Bundesregierung in der BRD sehr daran interessiert erneuerbare Energien zu fördern.

Firmen wird hierzu eine finanzielle Unterstützung geboten, um der Forschung etwas voran zu helfen. Aktuell wurde eine Finanzierungshilfe für ein „Marktanreizprogramm zur Förderung erneuerbarer Energien - Innovationsförderung thermische Solaranlagen" geschaffen.[19] Die Förderung hierbei bezieht sich auf die realisierte Fläche pro m².

Diese Arten von Informationen können vor allem neugegründeten Firmen helfen einen ersten finanziellen Engpass zu vermeiden und stets liquide zu sein. Die Form der Förderung variiert allerdings, je nach Branche und Förderprogramm.

10.3 Ausschreibungen

Ausschreibungen dienen dazu Unternehmen für bestimmte Projekte zu gewinnen.[20] Wenn man im lokalen Umfeld schaut findet man ein Beispiel in Form des Neubaus bzw. Wideraufbaus des Potsdamer Stadtschlosses als neuen Sitz der Landesregierung. Hierbei ging der Zuschlag an die niederländische Royal Bam Group, für ihre Konzeption bzw. den Entwurf.[21]

Gerade Unternehmen in der Baubranche sollten diese Arten von Informationen stets im Überblick halten. Die eine oder andere Ausschreibung könnte genau ihrer Ausrichtung entsprechen und sie könnten sich so einen guten Auftrag der Regierung sichern.

[18] Vergleich: Poetzsch, Eleonore, Wirtschaftsinformation: Online, CD-ROM, Internet, 2., völlig neu bearb. und erw. Aufl. - Potsdam : Verl. für Berlin Brandenburg, 2004., S. 36
[19] http://www.energiefoerderung.info/, stand 03.07.11
[20] Beipiel Potsdam: http://www.potsdam.de/cms/ziel/783341/DE/, stand: 03.07.11
[21] http://www.maerkischeallgemeine.de/cms/beitrag/11588718/62249/?73240249, stand: 03.07.11

Zusätzlich gibt s auch immer wieder Ausschreibungen anderer privater oder öffentlicher Einrichtungen in den doch sehr unterschiedlichen Zweigen der Wirtschaft.

Des Weiteren können auch Gesuche bzw. Ausschreibungen von Unternehmen inseriert werden, welche an Kooperationen o.ä. interessiert sind.

10.4 Expertenverzeichnisse und Biographien

Expertenverzeichnisse und Biographien unterstützen einen Geschäftsführer bzw. Manager dabei, wenn nötig, einen geeigneten Spezialisten zu finden. Gerade in neueren Nischen gestaltet sich dies sehr schwer, wenn es noch nicht so viele Experten auf einem bestimmten Gebiet gibt.

Benötigt man also Beispielsweise einen Berater für die Umsetzung eines neuen Produktes o.ä., kann man in einem Expertenverzeichnis, über eine Literaturrecherche in diversen Biographie oder auf online Plattformen, die über den Werdegang Aufschluss geben[22], den benötigten Fachmann finden und sein entstandenes Problem lösen.

11. Allgemeines Fallbeispiel Konkurrenzanalyse

Um sich einen Überblick über die Konkurrenz auf dem Markt seiner Produkte zu verschaffen oder demnächst ein neues Produkt einführen will und die strategischen Ansätze der Konkurrenz auf diesem Gebiet vergleichen möchte, ist es sinnvoll eine Konkurrenzanalyse durchzuführen.

Zum Einen um den Umfang der Gegenparteien zu betrachten und den erfolgreichsten Konkurrenten zu analysieren, warum genau dieser so erfolgreich ist, zum Anderen um eventuell eine Nische auf dem Markt auszumachen und diese für sich zu nutzen.

---

[22] Beipiel: http://www.xing.com/de/, stand: 03.07.11

11.1. Welche Informationen braucht die Wirtschaft bzw. ein Unternehmen für eine Konkurrenzanalyse

Um die Konkurrenz erfolgreich zu beleuchten, ist es zu Beginn erst einmal wichtig zu wissen, wer diese überhaupt sind. In diesem Fall könnte man die nötigen Informationen schon über eine einfache Google-Recherche erhalten. Nun erhält man eine Liste von Firmen die man nun näher beleuchten kann.

In diesem Beispiel gehen wir von der Firma Pepsi Deutschland GmbH aus. Hierbei wird natürlich als erstes klar, dass der größte Konkurrent, der Marktführer der Erfrischungsgetränke, Coca Cola GmbH ist.

Auf der Website www.coke.de erhält man unter dem Menüpunkt Unternehmen bereits einige erste relevante Informationen und kann sich des Weiteren eine Unternehmensbroschüre als PDF-Dokument herunterladen.

Leider fehlen hierbei jedoch Finanzinformationen, die einen ersten Überblick über Gewinn- und Verluststatistiken auf dem gesuchten Markt verschaffen könnten.

Ein weiterer ausschlaggebender Punkt um heraus zu bekommen wie groß ein Unternehmen ist, können auch die Beschäftigungszahlen sein, welche meist ebenfalls in den Geschäftsberichten publiziert werden.

Hat ein Unternehmen somit im letzten Jahr stark Personal abgebaut, ist damit zu rechnen, dass dieses Immense Gewinnverluste zu verzeichnen hatte oder aber auch einen Großteil ihrer Arbeit auf Maschinen umgestellt hat. Gerade diese Punkte gilt es zu berücksichtigen, wenn man seinen „Gegner" genau kennen will.

Im Fall von Coca Cola finden wir dies in ihrer Unternehmensbroschüre[23]. In ganz Deutschland beschäftigen sie rund 12.000 Mitarbeiter an 70 Standorten, was darauf schließen lässt, dass die Konkurrenz tatsächlich sehr groß ist. Pepsi hingegen verzeichnete im Jahr 2010 nur 500 Mitarbeiter in der Bundesrepublik.[24]

---

[23] http://www.coca-cola-gmbh.de/pdf/coca-cola_imagebroschuere.pdf

[24] http://de.toparbeitgeber.com/Portals/23/TAD2011/TAD11%20PDF/Pepsico_TAD_2011.pdf

Die gesamte Kategorie der Firmeninformation sowie der Finanzinformationen ist sehr wichtig. Die Analyse von Marketingstrategien, Aktienkursen usw. sind ebenfalls sehr genau zu analysieren.

Im Bereich des Marketings findet sich eine sehr große Vielfalt an benötigten Informationen auf der Homepage von Coca Cola. Sogar ein PDF-Dokument über die Geschichte ihrer Werbekampagnen und Slogans ist zu finden. Da die Figur des Weihnachtsmanns hierbei eine zentrale Rolle spielt, ist diese Historie sogar extra aufgeführt.[25]

Des Weiteren finden sich auf der Homepage zahlreiche Dokumente und Einträge über das Produktsortiment und das soziale Engagement des Konzerns. Die Firma Pepsi Deutschland GmbH, ist somit in der Lage die meisten der benötigen Informationen für eine Konkurrenzanalyse bereits aus der Firmeneigenen Website zu erschließen.

Einzig und allen der Bereich der Finanzen wird geringfügig mehr Mühe bereiten und erfordert zusätzliche Recherchen in englischer Sprache.

Leider sind die jährlichen Unternehmens- und Finanzreports nur auf der englischsprachigen Website des Mutterkonzerns The Coca Cola Company zu finden.[26] Hier sind jedoch alle restlich benötigten Informationen rund um das Thema Finanzen mit Vergleichszahlen zum Vorjahr zu finden.

Firmeninformationen wie der aktuelle Geschäftsführer sind in diesem Beispiel u.a. aus dem Impressum zu entnehmen oder über eine Suche im Handelsregister zu recherchieren.

12. Fazit

Der Markt an Wirtschaftsinformationen ist sehr groß und umfangreich. Fast alles kann, wenn auch über Umwege von den Unternehmen recherchiert und analysiert werden.

---

[25] http://www.coca-cola-gmbh.de/unternehmen/mythos/weihnachten/pdf/0911_santa_claus.pdf
[26] http://www.thecoca-colacompany.com/investors/annual_other_reports.html

Gerade in der heutigen Gesellschaft ist es sehr wichtig bei dem ständigen Wachstum und wechselnden Trends alle Informationen stets in Augenschein zu behalten. Allein ein neuer Gesetzesentwurf oder eine politische Entscheidung, auf Grund einer Katastrophe[27], könnte das aus für ein Unternehmen bedeuten.

Ganz gleich ob man nun Händler, Produzent, Versicherer, Makler oder Dienstleister ist, die Verwaltung von Informationen wird stets von großer Bedeutung sein.

Um sich als Marktführer zu etablieren, muss man in der Lage sein effektiv und konsequent Geschäftsinformationen zu wahren, verbesserte Geschäftsentwicklungen in die Wege zu leiten, neue Einnahmequellen auszumachen und manchmal auch neue Geschäftsmodelle zu entwickeln.

Informationsnutzung und Aufbereitung gilt als Schlüsselkompetenz in allen Sektoren der Wirtschaft, vor allem für Führungskräfte, jedoch auch für Mitarbeiter.

Im Großen und Ganzen stellen Wirtschaftsinformationen eine Hilfe dar, um kritische Entscheidungen zu treffen, den Austausch und die Findung von Lieferanten und Partnern o.ä. zu erleichtern und gemeinsam oder alleine neue Ergebnisse schaffen zu können.

Meinem Erachten nach wird der Markt der Wirtschaftsinformationen in der nächsten Zeit einen neuen Aufwärtstrend erleben. Gerade nach der Finanzkrise im Jahre 2008 ist es in der freien Wirtschaft deutlich geworden wie wichtig es ist auf Frühwarnung zu setzten und ausreichend informiert zu sein.

---

[27] Beispiel: Atomkraftausstieg in Folge von Explosion Atomkraftwerk in Japan.

13. Quellenangabe

13.1 Print

Vergleich: Poetzsch, Eleonore, Wirtschaftsinformation: Online, CD-ROM, Internet, 2., völlig neu bearb. und erw. Aufl. - Potsdam : Verl. für Berlin Brandenburg, 2004., S. 31 ff.

13.2 Web

- www.coke.de
- http://www.infogmbh.de/
- http://www.bmj.de/SharedDocs/Downloads/DE/pdfs/LeitfadenZurAnbieterkenn zeichnung.pdf;jsessionid=B68610BC441309CFAEC6FD75E3FF2D62.1_cid16 4?_blob=publicationFile , stand: 03.07.2011
- : http://www.finanzen.net/nachricht/aktien/IPO-Facebook-mit-ueber-70-Milliarden-Dollar-bewertet-1187766 , stand: 03.07.11
- http://www.manager-magazin.de/unternehmen/artikel/0,2828,649911,00.html , stand: 03.07.2011
- http://dejure.org/gesetze/HGB/325.html , stand: 03.07.2011
- http://www.tagesspiegel.de/wirtschaft/atomkraft-ausstieg-ohne-absturz/3998414.html , stand: 03.07.2011
- http://www.energiefoerderung.info/ , stand 03.07.11
- http://www.potsdam.de/cms/ziel/783341/DE/ , stand: 03.07.11
- http://www.maerkischeallgemeine.de/cms/beitrag/11588718/62249/?7324024 9 , stand: 03.07.11
- http://www.xing.com/de/ , stand: 03.07.11
- www.uk.capgemini.com The Information Opportunity Report - Harnessing information to enhance business performance, stand: 01.07.11